Lk 27.

JUGEMENTS SOUVERAINS

CONTRE

LES HABITANTS D'ABJAT

EN 1641.

PÉRIGUEUX,
IMPRIMERIE D'AUGUSTE BOUCHARIE, RUE AUBERGERIE, 12.

1856.

JUGEMENTS SOUVERAINS

CONTRE

LES HABITANTS D'ABJAT

EN 1644.

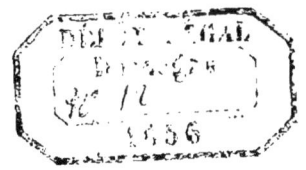

Le 8 mai 1644 furent rendues en la ville de Nérac (1) plusieurs sentences souveraines contre les habitants des bourg et paroisse d'Abjat, en Périgord. M. de Verneilh en parle dans son *Histoire d'Aquitaine*, mais il n'avait pas de renseignements suffisants sur la famille de Vaucocour, auteur du procès; aussi ne doit-on pas s'étonner d'y rencontrer quelques erreurs qui, à la vérité, ne sont pas d'une grande importance.

On voit que cette affaire a été jugée pendant une époque où les guerres civiles et religieuses avaient changé le caractère et les mœurs de certaines contrées.

Avant de rapporter les événements qui ont donné lieu à cet article, il nous paraît utile de faire connaître la maison de Vaucocour, qui a souvent obtenu de grandes dignités à la cour de nos rois, dans les armées et dans l'Église. Sa noblesse a été reconnue par divers

(1) Diocèse de Condom.

jugements souverains, et notamment, le 6 août 1705, par sentence de la Généralité de Bordeaux. Nous ne citons pas les nobiliaires de notre époque, puisque quelques-uns ont inséré des articles pleins d'erreurs. Ce genre de travail est devenu un objet de spéculation pour certains hommes qui établissent des généalogies et donnent de faux titres et de faux noms à des personnes qui envoient une somme convenue avec une notice qui est acceptée sans contrôle. Ces notices sont placées parmi plusieurs autres très-sincères (1).

Raynaud de Vaucocour dit *Raynaud de Thiviers* (voyez *Gallia Christiana*) fut évêque de Périgueux en 1084. Il assista aux conciles de Bordeaux et de Clermont où l'on proclama une croisade, et fut tué par les musulmans, à Antioche.

(1) Il est à propos de rappeler ici une ordonnance royale enregistrée au parlement, le 5 février 1700 :
Louis, par la grâce de Dieu, etc.....
Ceux qui auront usurpé les noms des fiefs et terres qu'ils possèdent, et dont le nom a donné le surnom à une famille noble, seront condamnés à cent florins d'amende.
Ceux qui, sans avoir été faits chevaliers, en auront pris la qualité, seront condamnés à cent florins d'amende.
‹ Les nobles qui auront pris les qualités de comtes, vicomtes, barons et autres, sans avoir des terres décorées de pareils titres, seront condamnés en cinquante florins d'amende........
Nota. Plusieurs familles ont conservé les qualités de duc, marquis, comte, vicomte et baron, quoiqu'elles ne possèdent plus des terres ainsi titrées ; c'est une sorte de protestation légitime contre la confiscation de ces terres pendant la révolution.
Napoléon créa des titres héréditaires attachés aux personnes et d'autres attachés aux terres pour récompenser plusieurs vaillants généraux et dignitaires de l'Empire.

Aymar de Vaucocour, chevalier, dota d'une chapelle, en 1124, l'abbaye d'Alon, du diocèse de Périgueux. L'acte fut reçu par J. Destables.

Guy de Vaucocour, damoiseau de Thiviers et petit-fils du précédent, fonda au prieuré de la Faye, en Périgord, une chapelle qu'il dota de rente, en 1227.

Guichard de Vaucocour reçut de Jeanne de Bretagne, vicomtesse de Limoges, une commission de gouverneur de Thiviers, en 1382. Ladite pièce est signée au bas : Simon Ricard, Raoul de Bissalion, de Bonnet.

François de Vaucocour, écuyer, seigneur du Repaire, gentilhomme ordinaire de la chambre du roi, gouverneur d'ordres en Picardie et de Thiviers, en Périgord, et capitaine au régiment de Normandie, fut envoyé à Périgueux, en 1613, par le roi et la reine régente, pour remplir une mission de confiance auprès des maire et consuls de ladite ville.

Pierre de Vaucocour, capitaine au régiment de Rambure et gentilhomme de Madame, sœur du roi, vivait en 1648.

Jean de Vaucocour, gentilhomme ordinaire de Madame, princesse de Piémont, chevalier de l'ordre de Saint-Maurice, mourut à Turin. Il était neveu du précédent.

François de Vaucocour, écuyer, seigneur dudit lieu et gouverneur de Thiviers dès 1624, fut tué à Abjat en 1640.

Gaston-François de Vaucocour, seigneur du Repaire, la Brugère, etc., Écuyer de Madame, duchesse de Savoie, premier capitaine et lieutenant-colonel dans le régiment de Senantes, hérita des biens de son frère François de Vaucocour, et obtint contre les habitants d'Abjat, pour venger sa mort, les arrêts qui vont être rapportés. Il devint gentilhomme ordinaire du roi, gouverneur de Thiviers, maréchal des camps et armées du roi et baron de Chaunay.

Jacques-Charles de Vaucocour, chevalier, seigneur dudit lieu, ennuyé du métier des armes, se fit prêtre et devint abbé de Bar-sur-Aube. Il mourut *ab-intestat*, en 1727; sa fortune passa dans la maison de Ranchin, à Paris, et, à cause de la minorité de plusieurs enfants, les château, terres et dépendances de Vaucocour furent vendus aux enchères publiques et par décret, en 1730. Les titres de famille de Jacques-Charles de Vaucocour furent envoyés aux Vaucocour de Château, après être restés long-temps entre les mains de la famille de Ranchin.

Jean de Vaucocour, fils puîné d'Henri de Vaucocour et de Marquesse de Millac, vivant en 1575, avait formé a branche qui s'était établie à Château, paroisse de Sarazac, et qui est actuellement éteinte.

Les derniers membres de la maison de Vaucocour étaient:

Henri de Vaucocour, chevalier, seigneur de la Roche (près de Mussidan) et autres lieux, qui mourut laissant deux filles, Élizabeth et Françoise.

Elizabeth de Vaucocour, damoiselle, se maria avec messire François de Borros-de-Gamansson, chevalier, et mourut en 1825.

Françoise de Vaucocour, damoiselle, se maria avec

messire François-Cosme du Mas, écuyer. Elle est morte en 1822, laissant un fils actuellement vivant.

Marc de Vaucocour, chef d'un autre rameau de la même branche, seigneur du Cluzeau, etc., lieutenant-colonel d'infanterie, chevalier de l'ordre royal et militaire de Saint-Louis. Il fit les campagnes de l'armée de Princes pendant l'émigration, et mourut à Tours, en 1809. Ses frères étaient morts avant lui et sans postérité. Marc avait eu deux enfants : Marie-Geneviève et *Marc* de Vaucocour, mort dans un combat, pendant les guerres de l'Empire, sans avoir été marié.

Marie-Geneviève de Vaucocour se maria avec M. de Villantroys, colonel d'artillerie. Elle est morte sans enfants, en 1846, laissant sa fortune à plusieurs héritiers, ses armes et titres de famille à M. L.-J. du Mas, son cousin.

Ainsi vient de finir la maison de Vaucocour, l'une des plus anciennes et des plus nobles du Périgord.

ALLIANCES CONNUES : De Grégori, de Joubert-Nanthia, de Jouvelle, d'Ozelli, d'Aupair, de Royère, de Saint-Martial-Druzac, du Puy-Trigonant, de Millac, de Bouillagué, de la Périère, de Bouillon, de Monyns, de Bredam, de Savourni, de Larmavaille, de la Faye, de Ferrand, de Loupdat, de Sarau, de Soret, de Buade, de Boutinaud, de Gatebois, de Marbotin, Chambon-de-la-Croze.

Parmi les familles qui comptent dans leurs alliances celle de Vaucocour nous signalons les Gontaut-de-Biron, d'où sortent MM. de Froidefond-Boulazac par une damoiselle de Lissac.

Armes : D'azur, chargé de france d'or, au chef d'argent à trois yeux veillants et fascées; supports, deux lions d'or armés et lampassés de gueules.

Faits :

En 1640, François de Vaucocour, écuyer, seigneur dudit lieu et gouverneur de Thiviers dès 1624, voulut traverser le bourg d'Abjat à la tête d'une compagnie d'hommes armés; craignant un mauvais dessein, les habitants prirent les armes pour le repousser. Le seigneur de Vaucocour se présenta sur la place d'Abjat, où il passa tranquillement; mais arrivé sur le bord d'un ruisseau qui est au-delà du bourg, il rencontra un grand nombre de gens avec lesquels s'engagea un combat où périt beaucoup de monde, et lui-même y fut assassiné. On ne connaît pas le but de son entreprise : les uns prétendent, avec la tradition du pays, qu'il se rendait dans un village voisin pour enlever une jeune fille; d'autres, avec les arrière-neveux dudit seigneur, disent qu'il voulait exercer une vengeance et qu'afin de soulever les paysans contre lui, on avait répandu le bruit d'un enlèvement. Mais les traditions populaires et celles de famille mentent quelquefois, suivant leurs intérêts. Pour nous, soit qu'il faille accepter ou rejeter l'une des deux versions, ou bien donner toute autre cause à cet événement, il suffira de raconter les faits qui s'en suivirent.

Gaston-François de Vaucocour, seigneur du Repaire, la Brugère et autres lieux et places, Écuyer de Madame, duchesse de Savoie, sœur du roi, premier capitaine et lieutenant-colonel dans le régiment de Senantes et frère du défunt, voulut venger sa mort et obtint contre les habitants d'Abjat plusieurs arrêts qui furent rendus à Nérac, sous la présidence de M⁰ Soullé de Prunevant. En voici la teneur :

« Jugements souverains rendus par nous Estienne Soullé, seigneur de Prunevant, conseiller du roi en ses conseils d'état, maître des requêtes de son hôtel, premier président en sa cour des aydes de Guienne, intendant de la justice, police, finances et armée en Guienne, commissaire en cette partie par arrêt du conseil et lettre-patente de Sa Majesté, du quatre décembre dernier,

» Contre les officiers, syndics et habitants du bourg et paroisse d'Abjat.

» Entre messire Gaston-François de Vaucocour,
» seigneur dudit lieu, le Repaire, la Brugère et autres
» places ; chevalier et membre de l'ordre de St-Mau-
» rice, Écuyer servant de Madame Royale, duchesse de
» Savoye, sœur de Sa Majesté ; capitaine et lieutenant-
» colonel du régiment de cavalerie commandé par
» M. de Senantes, demandeur en excès et crime d'as-
» sassinat pour raison de meurtre commis en la per-
» sonne de feu messire François de Vaucocour, son
» frère ; ensemble les crimes de rébellion et sédition,
» port d'armes et l'utilité de certains défauts ; le pro-
» cureur du Roy joint à lui, d'une part ;

» Et six dénommés dans l'arrêt, prisonniers détenus
» ès-prisons du château de Nérac ; de cinquante-neuf
» autres, aussi dénommés, accusés et défendeurs, d'au-
» tre part ;

» Et soixante-sept y dénommés, accusés et défail-
» lants ;

» . . . .

» Vu le procès, nous Estienne Soullé, etc...,

» Avons déclaré et déclarons ledit..... suffisamment
» atteint et convaincu des cas et crimes à lui mis-sus,
» pour réparation, l'avons condamné et condamnons à
» estre livré ès-mains de la haute justice pour être par
» lui rompu et brisé vif sur un échafaud qui, à ces fins,
» sera dressé en la place publique de ladite ville, et ce
» fait, son corps mis et attaché sur une roue qui y sera
» pareillement dressée pour y demeurer jusqu'à ce que
» mort s'en suive. Ledit..... appliqué à la question or-
» dinaire et extraordinaire pour savoir de lui, par sa
» bouche, la vérité de ses complices, ayant un écriteau
» devant et derrière, où seront écrits ces mots : *Sédi-*
» *tieux et meurtriers*. L'avons condamné en outre en
» cent livres d'amende envers le Roy et en trois cents
» livres applicables, savoir : 200 à l'église où ledit dé-
» funt sieur de Vaucocour a été inhumé, et 100 en-
» vers la partie, et aux dépens, la taxe à nous réser-
» vée......, et à l'égard des autres parties, ordonnons,
» sans préjudice des preuves résultantes du procès,
» qu'il sera sursis au jugement d'icelui jusqu'à l'exé-
» cution dudit...... A esté arrêté que ledit..... sera
» étranglé sur l'échafaud avant être rompu..... Pro-
» noncé le jugement souverain de l'autre part audit....
» condamné à mort par icelui et exécuté en consé-
» quence, ce jourd'hui six may 1641, en la ville de
» Nérac. Signé Le Franc, greffier.

» Et depuis, vu le susdit jugement et pièces y énon-
» cées, procès-verbaux de question dudit..... et exécu-
» tion à mort d'icelui, procès-verbaux de question de...
» Nous Estienne Soullé, etc..., avons condamné et
» condamnons ledit...... à servir le Roy par la force en
» ses galères, durant l'espace de trois ans, et en cent
» francs d'amende envers Sa Majesté et pareille somme
» envers la partie, et aux dépens ; et au regard de
» quatre habitants dénommés, prisonniers, ordonnons
» qu'il sera plus amplement informé contr'eux dans le
» mois ; et en ce qui regarde seize autres habitants,
» nous les avons déclarés contumaces et défaillants, et
» faisant droit de la plus grande utilité desdits deffauts,
» suffisamment atteints et convaincus des cas à eux
» mis sus, pour réparation desquels en avons con-
» damnés et condamnons dix d'être délivrés ès-mains
» de l'exécuteur de la haute justice pour être par lui
» rompus et brisés vifs sur un échafaud qui, à ces fins,
» sera dressé en la place publique dudit bourg d'Abjat,
» et après, leurs corps jettés sur des roues qui seront
» pareillement dressées en ladite place, pour y demeu-
» rer jusqu'à ce que mort s'en suive. Condamnons aussi
» les huit autres être délivrés ès-mains de l'exécuteur
» de la haute justice pour être pendus et étranglés à
» des potences qui, à ces fins, seront dressées en ladite
» place publique d'Abjat, si pris et appréhendés peu-
» vent être, sinon, en effigie, dans des tableaux qui,
» à ces fins, seront attachés ès-potences du lieu......
» Déclarons aussi quarante-un habitants dénommés,
» vrais contumaces et défaillants, pour le profit, at-

» teints et convaincus desdits crimes contre les armes
» du roi; comme aussi déclarons quarante autres ha-
» bitants et généralement tous habitants du bourg et
» paroisse d'Abjat suffisamment atteints et convaincus
» desdits crimes de révolte et sédition, pour réparation
» desquels, les avons condamnés et condamnons en
» cinq mille livres envers le roi, applicables à la répa-
» ration du présent château, suivant le bail au rabais
» qui a été fait, etc...

» Condamnons en outre tous les sus-nommés en trois
» mille livres pour faire prier Dieu pour l'âme du def-
» funt, savoir : 1,500 livres pour fonder un obit ou
» anniversaire en la chapelle de l'église où ledit feu
» sieur de Vaucocour est inhumé, à la nomination du-
» dit sieur de Vaucocour et ses héritiers ; 500 livres
» aux Recollets de Thiviers; 1,000 livres aux cinq cou-
» vents et esglises de ladite ville, savoir : 200 livres à
» l'église paroissiale, 200 livres aux capucins, 200 li-
» vres aux cordeliers, 200 livres aux pères de la doc-
» trine chrétienne et 200 livres au couvent de Sainte-
» Claire, à la charge de prier Dieu pour l'âme du dé-
» funt; neuf mille livres d'amende envers ledit sieur
» de Vaucocour.

» Ordonnons aussi que les cloches du bourg d'Abjat
» seront descendues et que la principale sera portée en
» l'église de Thiviers, en la chapelle où ledit feu sieur
» de Vaucocour est inhumé, pour icelle être mise et
» posée au clocher de ladite église, si mieux ledit sieur
» de Vaucocour n'aime faire bâtir un clocher à ses
» dépens au-dessus de ladite chapelle ; auquel cas, or-

» donnons que ladite cloche sera mise et posée audit
» clocher, et que les autres cloches seront portées à
» Limoges pour être distribuées suivant l'ordre du sieur
» évêque diocésain.

» Avons déclaré et déclarons lesdits habitants d'Ab-
» jat déchus de leurs foires et marchés, et à ces fins,
» ordonnons que leur halle sera démolie et qu'en sa
» place sera érigée une piramide sur laquelle sera gravé
» le présent jugement; comme aussi ordonnons qu'au
» lieu où ledit de Vaucocour a esté tué sera plantée
» une croix où le présent jugement sera aussi gravé;
» condamnons en outre tous les susdits habitants en
» dommages-intérêts envers le susdit sieur de Vauco-
» cour, lesquels nous avons liquidés à la somme de
» quinze mille livres et aux dépens du procès. . . .
» . . . .

» Prononcé aux parties présentes audit Nérac, ledit
» jour huit may 1641.

» Signé : SOULLÉ DE PRUNEVANT.

» Par mon dit sieur :

» LE FRANC, greffier. »

Le corps du défunt seigneur de Vaucocour, enterré près du ruisseau, à l'endroit où il avait été tué, fut exhumé et transporté dans le tombeau de ses ancêtres, en sa chapelle de l'église de Thiviers. On y bâtit un clocher, et la plus grosse cloche d'Abjat y fut placée.

Trois années après ces condamnations, les habitants d'Abjat eurent recours à la clémence royale, qui rétablit leurs foires et marchés et permit aux fugitifs de rentrer.

Nota. La *question* et autres tortures ont été supprimées par ordonnance royale, en 1780.

Périgueux, impr. d'Aug. Boucharie, rue Aubergerie, 12.

www.ingramcontent.com/pod-product-compliance
Lightning Source LLC
Chambersburg PA
CBHW061524040426
42450CB00008B/1782